99 pensamientos de amor

99 pensamientos de amor

Selección y prólogo de

MARGARITA CHÁVEZ

Grijalbo

99 pensamientos de amor

Primera edición: enero, 2008

Selección y prólogo de Margarita Chávez

www.randomhousemondadori.com.mx

Comentarios sobre la edición y contenido de este libro a:
literaria@randomhousemondadori.com.mx

ISBN: 978-970-810-112-7

Impreso en México / *Printed in Mexico*

PRÓLOGO

Tener este libro entre las manos es una fiesta de vida y amor. Aunque la vida no siempre es fácil y el amor difícil de hallar y más aún de retener, sin él la vida no tiene sentido, de ahí su importancia. Más aún cuando abarca mucho más de lo que se puede encontrar en la pareja, este sentimiento se manifiesta en múltiples expresiones: maternal, fraterno, apasionado, místico, amistoso, compasivo, universal. Cada encuentro humano significa un tipo de amor.

Si hacemos un recuento de nuestras vivencias, encontraremos en cada una de ellas una frase amorosa, una canción de cuna, un poema susurrado al oído, un grito adolescente al pie de la ventana, una promesa ante el altar. Balbuceamos nuestras primeras palabras tiernas antes que caminar. Nuestros mejores recuerdos están escritos con afectuosas palabras.

El amor nos remite a nuestras raíces, al vientre materno, al beso de la madre, al abrazo del amigo, a las primeras caricias del amante, a la oración. El amor nos abre los ojos, podemos acariciarlo, olfatearlo, paladearlo, escuchar sus húmedas palabras.

Es absurdo pretender que alguien pueda vivir sin él. El espíritu humano siempre será impulsado por el genuino deseo de alcanzar un sueño, ayudar a dar los primeros pasos a un bebé o dejarse vencer por los labios del amado.

La historia de un amor siempre se cuenta con palabras: el encuentro, la lucha contra el tiempo, el desafío, la decepción, el reencuentro. No importa a quién o a qué amemos, siempre será una historia con principio y final.

En este libro se reúnen literatos como Víctor Hugo y Tolstoi, los hombres que escribieron con su sangre la historia como Mahatma Gandhi y Martin Luther King, los poetas como Jaime Sabines y Rubén Darío, los grandes pensadores como Eric Fromm o los anónimos testimonios ancestrales de *El Antiguo Testamento*. No hay científico, pensador, poeta o místico que no exalte las virtudes y ¿por qué no?, las vicisitudes del amor. Todos estos grandes hombres apreciaban la fuerza temible de este sentimiento, la que nos hace cometer las peores atrocidades, las locuras, pero también los actos más heroicos y sublimes.

Todas las preguntas posibles se generan a partir de él: ¿Por qué la vida?, ¿por qué la muerte?, ¿por qué la injusticia?, ¿por qué el desprecio?, ¿por qué el encuentro?, ¿por qué el adiós? Este filosofar no siempre es fácil, las respuestas no siempre son gratificantes, pero no por ello dejamos de cuestionarnos y de sufrir y gozar esta experiencia.

No podemos negar la importancia de los sentimientos como motor de cualquier actividad humana reprochable o no. Este sacudimiento sensibiliza y fecunda los corazones de todos los humanos y les permite encontrar caminos insospechados hacia sus objetivos.

El lenguaje acertado nos revela nuestras emociones, el sentido y sonido de las palabras nos acercan a los espíritus libres, el color y la consistencia de una frase bien hecha o bien dicha nos hace reconocer aquel recuerdo oculto. Nuestra memoria no actúa hasta encontrar las sílabas precisas.

Quién no ha tenido un diario, un cuaderno de canciones y dibujos, una recopilación de recortes de periódicos y revistas que almacenamos en un álbum y nos permite recordar aquel beso, aquella palabra, aquel dolor, aquella pena, aquel encuentro. Todos guardamos en el cajón la frase que nos inspiró a ser mejores, a vivir alegremente, a desechar las malas experiencias, a empezar de nuevo. La sacudida que provoca una frase jamás será olvidada, permanecerá resguardada hasta la siguiente experiencia que nos recuerde nuestras promesas y nuestros objetivos.

Una frase célebre nos acerca al mundo y sus mecanismos. Cómo apreciar la belleza o la verdad si no se describen con las palabras exactas. Caminamos al corazón de una persona saltando de letra en letra hasta formar el idioma del amor. Compartimos lecturas, poemas, canciones con los amigos, con la familia, con la pareja. Podemos conocer, identificar y definir a las personas por lo que les gusta leer o escuchar.

En esta época de tribulaciones no nos queda más que tomar al amor por los cuernos y montarnos en él para llegar al futuro, para encontrarnos con los otros y apreciar el mundo en el que vivimos. Este sublime sentimiento es lo que nos hace humanos, lo que nos salvará de nosotros mismos.

En 99 pensamientos podemos deletrear todas las intenciones del amor de una manera mágica y única. En este libro se pueden encontrar muchos autores cuyo único punto en común es la necesidad de narrar un momento, un destello, una ventana hacia la ternura, el deseo o la decepción.

Se nace y se muere amando, pero el dominio de su idioma se va adquiriendo con el paso de los años y las experiencias vividas. Cada quién habla de él, según lo haya tratado este fugitivo sentimiento. Incluso hay quienes nunca aprenden más que las primeras letras, algunos tardan en comprender su significado, hay quienes lo expresan con destreza y sabiduría.

Este texto puede convertirse en la panacea donde encontremos las frases con las que nos identificamos. También puede ser el mejor regalo para ese amigo con quien hemos compartido experiencias similares. Podría ser el relicario de palabras con las que conquistemos al amado o la amada. Se convertiría en el mapa con que nuestros hijos encontrarían sus nuevas experiencias. Lo leerían nuestros padres para saborear juntos sus recuerdos. Tómenlo como un libro con 99 pensamientos de amor que los seguirá fiel hasta la tumba.

TU CUERPO ESTÁ A MI LADO

Tu cuerpo está a mi lado
fácil, dulce, callado.
Tu cabeza en mi pecho se arrepiente
con los ojos cerrados
y yo te miro y fumo
y acaricio tu pelo enamorado.
Esta mortal ternura con que callo
te está abrazando a ti mientras yo tengo
inmóviles mis brazos.
Miro mi cuerpo, el muslo
en que descansa tu cansancio,
tu blando seno oculto y apretado
y el bajo y suave respirar de tu vientre
sin mis labios.
Te digo a media voz
cosas que invento a cada rato
y me pongo de veras triste y solo
y te beso como si fueras tu retrato.
Tú, sin hablar, me miras

y te aprietas a mí y haces tu llanto
sin lágrimas, sin ojos, sin espanto.
Y yo vuelvo a fumar, mientras las cosas
se ponen a escuchar lo que no hablamos.

Jaime Sabines

EL CELAJE

¿Adónde fuiste, Amor, adónde fuiste?
Se extinguió en el poniente el manso fuego,
y tú, que me decías: "hasta luego,
volveré por la noche"... ¡no volviste!

¿En qué zarzas tu pie divino heriste?
¿Qué muro cruel te ensordeció a mi ruego?
¿Qué nieve supo congelar tu apego
y a tu memoria hurtar mi imagen triste?

...Amor, ¡ya no vendrás! En vano, ansioso,
de mi balcón atalayando vivo
el campo verde y el confín brumoso;

y me finge un celaje fugitivo
nave de luz en que, al final reposo,
va tu dulce fantasma pensativo.

Amado Nervo

Aprender a hablar cuesta muchos meses. Aprender a amar puede costar años. Ningún ser humano nace con impulsos hostiles o violentos, nadie se vuelve hostil o violento sin tomarse el tiempo necesario para aprenderlo.

ASHLEY MONTAGU

Amor constante más allá de la muerte

Cerrar podrá mis ojos la postrera
Sombra que me llevare el blanco día,
Y podrá desatar esta alma mía
Hora, a su afán ansioso lisonjera;

Mas no de esotra parte en la ribera
Dejará la memoria, en donde ardía:
Nadar sabe mi llama el agua fría,
Y perder el respeto a ley severa.
Alma, a quien todo un Dios prisión ha sido,
Venas, que humor a tanto fuego han dado,
Médulas, que han gloriosamente ardido,
Su cuerpo dejará, no su cuidado;
Serán ceniza, mas tendrá sentido;
Polvo serán, mas polvo enamorado.

FRANCISCO DE QUEVEDO Y VILLEGAS

Ama y haz lo que quieras;
si te callas, calla por amor;
si hablas, habla por amor;
si corriges, corrige por amor;
si perdonas, perdona por amor;
ten la raíz del amor en el fondo de tu corazón:
de esta raíz solamente puede salir lo que es bueno.

San Agustín

El amor aborrece todo lo que no es amor.
El amor es la poesía de los sentidos.
Es tan absurdo pretender que un
hombre no puede amar siempre a la
misma mujer, como pretender que un
buen violinista no puede tocar
siempre el mismo instrumento.

HONORATO DE BALZAC

Al amor le pintan ciego y con alas.
Ciego, para no ver los obstáculos;
con alas, para salvarlos.
Al verdadero amor no se le conoce
por lo que exige, sino por lo que conoce.
Los amores son como los niños
recién nacidos: hasta que no lloran,
no se sabe si viven.

JACINTO BENAVENTE

BOCA DEL LLANTO

Boca del llanto, me llaman
tus pupilas negras,
me reclaman, tus labios
sin ti me besan.
¡Cómo has podido tener
la misma mirada negra
con esos ojos
que ahora llevas!

Sonreíste. ¡Qué silencio,
qué falta de fiesta!
¡Cómo me puse a buscarte
en tu sonrisa, cabeza
de tierra,
labios de tristeza!

No lloras, no llorarías
aunque quisieras;
tienes el rostro apagado
de las ciegas.

Puedes reír. Yo te dejo
reír, aunque no puedas.

Jaime Sabines

Decimos que el amor es ciego, y se pinta a Cupido con una venda en los ojos. Ciego, sí, porque no ve nada que no ame.

El amor, esencia de Dios, no se hizo para la ligereza, sino para la completa dignidad del hombre.

RALPH WALDO EMERSON

Dejar de amar a una mujer es tanto como odiarla violentamente.

El amor es como la fortuna; no le gusta que vayan detrás.

El verdadero paraíso no está en el cielo, sino sobre la boca de la mujer amada.

THÉOPHILE GAUTIER

El más difícil no es el primer beso, sino el último. Hay que parecerse un poco para comprenderse; pero hay que ser un poco diferentes para amarse.
La historia de un amor es el drama de su lucha contra el tiempo.
Las mujeres han inventado el amor, y los hombres el matrimonio y la fidelidad.

PAUL GÉRALDY

EL AMOR NUEVO

Todo amor nuevo que aparece
nos ilumina la existencia,
nos la perfuma y enflorece.

En la más densa oscuridad
toda mujer es refulgencia
y todo amor es claridad.
Para curar la pertinaz
pena, en las almas escondida,
un nuevo amor es eficaz;
porque se posa en nuestro mal
sin lastimar nunca la herida,
como un destello en un cristal.

Como un ensueño en una cuna,
como se posa en la ruina
la piedad del rayo de la luna.
como un encanto en un hastío,
como en la punta de una espina
una gotita de rocío...

¿Que también sabe hacer sufrir?
¿Que también sabe hacer llorar?
¿Que también sabe hacer morir?

—Es que tú no supiste amar…

Amado Nervo

Dios es la plenitud del cielo, el amor es la plenitud del hombre.

El amor semeja un árbol: se inclina por su propio peso, arraiga profundamente en todo nuestro ser y a veces sigue verdeciendo en las ruinas de un corazón.

Los que padecéis porque amáis, amad más todavía ¡Morir de amor es vivir!

VICTOR HUGO

Amar es vivir con el corazón, es decir, con la parte más viva y más consoladora de nuestro ser.
El amor conyugal es el más fuerte de todos, mientras subsiste.
El amor es el principio de todas las cosas, la razón de todo y el fin de todo.

Henri Lacordaire

Amé, fui amado: basta para mi tumba.

A menudo, el sepultero entierra, sin saberlo, dos corazones en el mismo ataúd.

El amor verdadero es el fruto maduro de la vida.

A los dieciocho años no se le conoce, se le imagina.

ALPHONSE DE LAMARTINE

Amor entre desiguales
Poco vale y menos dura.
Que amor que pierde al honor
El respeto, es vil deseo,
Y siendo apetito feo
No puede llamarse amor.

Félix Lope de Vega

Tome una sonrisa y désela a quien jamás la tuvo…

Tome un rayo de sol y le hará volar allí donde reina la noche…

Tome una lágrima y póngala en el rostro de quien jamás lloró…

Tome coraje y póngalo en el ánimo de quien no sabe luchar…

Descubra la vida y descríbala a quien no sabe entenderla…

Tome la esperanza y viva en su luz…

Tome la bondad y désela a quien no sabe darla…

Descubra el amor y delo a conocer al mundo…

Mahatma Gandhi

De querer a no querer
hay un camino muy largo,
que todo el mundo recorre
sin saber cómo ni cuándo.
Me he enamorado de ti,
Y es enfermedad tan mala
Que ni la muerte la cura,
Según dicen los que aman.

MANUEL MACHADO

El beso es el contacto de dos epidermis y la fusión de dos fantasías.
Enamorarse no es lo difícil, pero sí acertar a expresar ese estado.
Hay gente que piensa que el amor no es sino una especie de perfume; cierto que la flor que lo exhala es la más bella de la creación.
Vivir es dormir, y el amor es el sueño; si habéis amado, habéis vivido.

ALFRED DE MUSSET

¿CUÁL ES EL SECRETO PARA QUE LOGRES EL AMOR Y LA FELICIDAD?

Si quieres felicidad, dale felicidad a otros; si quieres amor, aprende a amar a los demás;
si quieres atención y aprecio, aprende a dar atención y aprecio; si quieres abundancia material, ayuda a otros a tener abundancia.

De hecho, la manera más fácil de obtener lo que quieres es ayudando a otros a obtener lo que quieren. Este principio opera para individuo, corporaciones, sociedades y naciones. Si quieres ser bendecido con todas las cosas buenas de la vida, aprende a bendecir silenciosamente a todos con las cosas buenas de la vida. Hasta pensar en dar, pensar en bendecir, o una simple oración tiene el poder de influir en los demás. El pensamiento tiene el poder de transformación. Cuando aprendes a dar aquello que buscas, activas y montas la coreografía de la danza con movimientos exquisitos, energéticos y vitales que constituyen el eterno palpitar de la vida.

La mejor manera de poner en operación la Ley del Dar y poner todo el proceso en circulación es tomar la decisión de que en cualquier momento que entres en contacto con otra persona le darás algo.

No tiene que ser algo material; puede ser una flor, un cumplido o una oración, de hecho, las formas más poderosas de dar no son materiales.

Los regalos de cuidados, atención, afecto, aprecio y amor son algunos de los regalos más preciosos que puedes dar, y no cuestan nada.

Cuando conoces a alguien, puedes silenciosamente enviarle una bendición, deseándole felicidad, alegría y dicha. Esta manera de dar silenciosamente es muy poderosa. Podrías decir "¿Cómo puedo darles a otros en este momento cuando no tengo suficiente para mí"? Puedes llevar una flor. Puedes llevar una tarjeta que diga algo sobre los sentimientos que tienes por esa persona a la que estás visitando. Puedes llevarle un cumplido. Puedes llevarle una oración.

Toma la decisión de dar a dondequiera que vayas, a quien sea que visites o veas. Siempre y cuando estés dando, estarás recibiendo. Entre más das, adquirirás más confianza en los efectos milagrosos de esta ley. Al recibir más, tu habilidad de dar más también aumentará.

DEEPAK CHOPRA

El amor verdadero hace milagros, porque él mismo es ya el mayor milagro.
Es cosa para mí inexplicable por qué se siente uno capaz de ser bueno cuando se siente uno amado.
Si no te quieren como tú quieres que te quieran, ¿Qué importa que te quieran?

AMADO NERVO

CANCIÓN DE AMOR

Una vez, un poeta escribió una hermosa canción de amor de la que hizo muchas copias que obsequió a conocidos y amigos, tanto hombres como mujeres, y también a una joven que vivía al otro lado de la montaña y a la que sólo una vez había visto.

Y al cabo de un día o dos, llegó un mensajero con una carta de la joven que decía: "Permíteme confesarte que estoy profundamente conmovida por la canción de amor que escribiste para mí. Ven pronto a hablar con mis padres y a preparar las nupcias."

Y el poeta contestó: "Amiga mía, no fue sino un canto de amor del corazón de un poeta, que cada hombre canta para cada mujer."

Y ella volvió a escribir, injuriándole: "¡Hipócrita y mentiroso en palabras! Desde este día hasta el día que me entierren, odiaré a todos los poetas."

GIBRÁN JALIL GIBRÁN

La naturaleza humana es frágil y llena de miserables pasiones.
Una sola de estas pasiones es grande y bella: el amor.
No ames a alguien a quien no admires.
El amor sin veneración sólo es amistad.

George Sand

El amor es la única mercancía que se paga con una moneda acuñada por él mismo.

El amor es una deliciosa flor; pero es preciso tener valor de ir a cogerla al borde mismo de un horrible precipicio.

El hombre que no ha amado apasionadamente ignora la mitad más hermosa de la vida.

Ir sin amor por la vida es como ir sin estrella por el mar, como ir al combate sin música, como emprender un viaje sin un libro.

Muy frecuentemente las lágrimas son la última sonrisa del amor.

Querer es tener el valor de chocar con los obstáculos.

STENDHAL

El amor es como un río.
¡A medida que es más grande
Va metiendo menos ruido!
No hay burlas con el amor,
Que la burla de un instante
Cuesta siglos de dolor.

FRANCISCO VILLAESPESA

El amor es la única libertad que hay en el mundo, porque eleva tanto al espíritu que lo independiza de las leyes de la humanidad y de los fenómenos de la naturaleza.

GIBRÁN JALIL GIBRÁN

CÚBREME, AMOR, EL CIELO DE LA BOCA

Cúbreme, amor, el cielo de la boca
con esa arrebatada espuma extrema,
que es jazmín del que sabe y del que quema,
brotado en punta de coral de roca.
Alóquemelo, amor, su sal, aloca
Tu lancinante aguda flor suprema,
Doblando su furor en la diadema
del mordiente clavel que la desboca.
¡Oh ceñido fluir, amor, oh bello
borbotar temperado de la nieve
por tan estrecha gruta en carne viva,
para mirar cómo tu fino cuello
se te resbala, amor, y se te llueve
de jazmines y estrellas de saliva!

RAFAEL ALBERTI

Si un día te sientes solo,
Desesperadamente desolado,
Y sientes que en tu vida
No existen ya consuelo ni esperanza;
Si eres infeliz y vives amargado,
Busca en el amor pronto remedio.
Porque el amor es bálsamo de luz
Que cura las heridas
Y devuelve la fe y la esperanza.
El amor es certeza y es felicidad.

Anónimo

El amor es el bien real, el bien supremo que resuelve todas las condiciones de la vida, que no sólo hace desaparecer el espanto de la muerte, sino que mueve también al hombre a sacrificarse en bien de los otros.

LEÓN TOLSTOI

El amor es paciente y servicial,
No es envidioso,
No se da importancia,
Es respetuoso,
No busca su interés,
Olvida las ofensas y perdona,
Huye de las injusticias,
Se alegra de la verdad,
Sabe disculparlo todo,
Lo soporta todo,
Confía en todos,
Y nunca pierde la esperanza.
Todo se termina:
El amor permanece para siempre.

San Pablo

AMAR ES...

Amar es ser capaz de decir: "Te felicito".
Amar es ser capaz de decir: "Perdóname".
Amar es ser capaz de perdonar.
Amar es ser capaz de decirle
al otro que lo amamos sin medida.
Amar es ser capaz de decir
junto con el otro "Padre Nuestro".
Amar es ser capaz de sacrificarlo
todo menos el amor.
Amar es ser capaz de aceptar al otro tal cual es.
Amar es poder decirle al otro: "Te necesito".

MARCEL BEAUCHEMIN

Entre el amor de corazón y el amor cerebral, existe la misma diferencia que hay en las obras de arte entre el original y la copia. El primero es vigoroso, sincero, espontáneo y nos transmite la emoción que el artista ha puesto en él. La segunda es fría, adocenada y mecánica.

ANÓNIMO

Se ha dicho muchas veces que no hay enemigo más fuerte para el amor que la costumbre, y con toda la razón. Un hombre y una mujer que se aman necesitan renovar constantemente los motivos externos de su atracción para que ésta perdure: los trajes nuevos, la conmemoración de ciertas fechas, las ausencias, las riñas y las reconciliaciones subsiguientes no son más que formas diferentes de renovar el poder de atracción y de luchar contra la línea recta del hábito y las costumbres.

GREGORIO MARAÑÓN

La falta de amor es un grado de imbecilidad, porque el amor es la perfección de la conciencia. No amamos porque no comprendemos, o, más bien, no comprendemos porque no amamos. Porque el amor es el sentido último de cuanto nos rodea; es la verdad, es el gozo que está en la raíz misma de toda creación.

RABINDRANATH TAGORE

El amor a los demás y el amor a nosotros mismos no son alternativas opuestas. Todo lo contrario, una actitud de amor hacia sí mismo se hallará en todos aquellos que son capaces de amar a los demás.

ERICH FROMM

El amor es paciente, es servicial; el amor no es envidioso, no hace alarde, no se envanece, no procede con bajeza, no busca su propio interés, no se irrita, no tiene en cuenta el mal recibido, no se alegra de la injusticia, sino que se regocija con la verdad. El amor todo lo disculpa, todo lo cree, todo lo espera, todo lo soporta.

CORINTIOS 13, 1-13

El químico capaz de extraer de un corazón esos elementos llamados compasión, respeto, deseo, paciencia, arrepentimiento, sorpresa y perdón, y de combinarlos entre sí, habrá creado ese átomo que se llama amor.

GIBRÁN JALIL GIBRÁN

El verdadero amor crece con las dificultades; el falso, se apaga. Por experiencia sabemos que, cuando soportamos pruebas difíciles por alguien a quien queremos, no se derrumba el amor, sino que crece. Es como un artista que se encariña más con la obra que más sudores le cuesta.

Santo Tomás

Es evidente que ama más aquel que por amor está dispuesto a carecer por algún tiempo del gozo de la presencia del amado para ocuparse en su servicio, que si quisiera gozar siempre de su presencia.

SANTO TOMÁS

La fuerza del amor no mide las posibilidades. Ignora las fronteras. El amor no discierne, no reflexiona, no conoce razones. El amor no se resigna ante la imposibilidad, no se intimida ante ninguna dificultad.

San Pedro

La obscuridad no puede deshacer la obscuridad; únicamente la luz puede hacerlo. El odio nunca puede terminar el odio; únicamente el amor puede hacerlo.

MARTIN LUTHER KING

La vi deidad, y me postré a adorarla,
y por volver el ídolo benigno,
la prosa olvido, y me dedico a hablarla
en el lenguaje de los dioses digno.
De entonces fue mi signo
pintar en mis canciones
sus dulces perfecciones;
¡y cuánto, oh cielos, su beldad me humilla!
que es a su lado mi elocuencia parca.
Un hilo de agua que en el campo brilla,
y el ancho mar que casi el mundo abarca. [...]

Juan Bautista Arriaza

El tiempo es demasiado lento para aquellos que esperan… demasiado rápido para aquellos que temen… demasiado largo para aquellos que sufren… demasiado corto para aquellos que celebran… pero para aquellos que aman, el tiempo es eterno.

Henry Van Dyke

El amor semeja un árbol: se inclina por su propio peso, arraiga profundamente en todo nuestro ser y a veces sigue verdeciendo en las ruinas de un corazón.

Víctor Hugo

Amar al otro es renunciar a poseerlo, incluso muerto; renunciar a que vuelva, descubrir que sigue estando ahí, en un silencio que ya no nos causa pavor, en un desierto que se hace acogedor de lo más valioso que tenemos, lo esencial de lo que permanece cuando ya no se puede nada.

JEAN-YVES LELOUP

El amor es un verdadero acceso de fiebre, con la diferencia de que ésta comienza con frío y termina con ardor, mientras que el amor comienza con ardor y termina con frío.

FRIEDRICH WEBER

Los enamorados creen siempre, y por error, que su amor ha nacido gracias al encuentro de un ser excepcional. La razón es más bien que el amor preexistente busca su objeto en el mundo y, si no lo encuentra, lo crea.

André Maurois

Para amar a una persona y perdonárselo todo basta con contemplarla un rato en silencio. A veces vivimos durante muchos años al lado de otra persona y sólo vemos de verdad en el momento de sobrevenirle una desgracia.

MAURICE MAETERLINCK

El amor es como los huéspedes. Lo que importa no es creer en ellos, sino saberlos recibir cuando se presentan, aprovecharlos mientras están, y despedirlos con cortesía cuando se marchan.

NOEL CLARASÓ

AMOR

El amor está en las rosas,
las rosas son el amor;
Cupido anda entre las cosas
y hace de ellas una flor.

A veces despierta un nido,
y a veces se va a vagar,
y anda en el viento, en el ruido,
en el bosque y en el mar.

Hace despertar los truenos
y hace rugir los leones,
y forma jardines buenos
dentro de los corazones.

Es la voz, la voz errante
que no encuentra su vocablo,
y expresa al ángel flotante,
o expresa al prófugo diablo.

Se extenúa, se propaga,
se multiplica, se vierte,
y es profunda, triste, vaga,
toda vida o toda muerte.

Anda errante un silfo extraño
que llena mi alma invasora
con las perlas de la hora
y los diamantes del año.

Yo al silfo le he visto. Y es
todo perlas y brillantes.
Las perlas se llaman: antes;
y los brillantes: después.

RUBÉN DARÍO

Por 1 beso de tu boca 2 abrazos te daría 3 suspiros que demuestren 4 veces tu alegría y en la 5ª sinfonía de los 6 sueños que anhelo 7 veces te diría las 8 letras de un te quiero porque 9 veces por ti vivo y 10 veces por ti muero.

ANÓNIMO

Ser feliz puede ser algo tan dulce como morir después de un beso, puede ser algo tan suave como las manos del viento, puede ser algo tan simple como rezarle a Dios en un templo, o algo tan imposible como tenerte a ti, por ejemplo.

Anónimo

¿Puede uno recordar el amor? Es como tratar de evocar el aroma de las rosas en un sótano. Puedes ver la rosa, pero nunca el perfume.

ARTHUR MILLER

Amar es un mar alborotado de olas y vientos sin puerto ni ribera.
Amor es aquella cosa que pone en servidumbre a los libres y da libertad a los siervos.
El amor mueve; el temor retrae.

Ramón Llull

A veces, amor mío, soy tu ángel de sombra.
Me levanto de no sé qué guaridas,
fulmíneo, entre los dientes una
espada de filos amargos, una triste
espada que tú bien, mi pobre amor, conoces.
Son los días oscuros de la furia, las horas
del despiadado despertar, queriéndote
en medio de las lágrimas subidas del
más injusto y dulce desconsuelo.
Yo sé, mi amor, de dónde esas tinieblas
vienen a mí, ciñéndote, apretándome
hasta hacerlas caer sobre tus hombros
y doblarlos, deshechos como un río.
¿Qué quieres tú, si a veces, amor mío,
así soy, cuando en las imborrables piedras
pasadas, ciego, me destrozo y batallo por
romperlas, por verte libre y sola en la luz mía?
Vencido siempre, aniquilado siempre,

vuelvo a la calma, amor, a la serena
felicidad, hasta ese oscuro instante
en que de nuevo bajo a mis guaridas
para erguirme otra vez tu ángel de sombra.

Rafael Alberti

CANCIÓN DE AMOR

Amor, deja que me vaya,
déjame morir, amor.
Tú eres el mar y la playa.
Amor. Amor, déjame la vida,
no dejes que muera, amor.
Tú eres mi luz escondida.
Amor.
Amor, déjame quererte.
Abre las fuentes, amor.
Mis labios quieren beberte.
Amor.
Amor, está anocheciendo.
Duermen las flores, amor,
y tú estás amaneciendo.
Amor.

RAFAEL ALBERTI

Si un día te sientes solo,
Desesperadamente desolado,
Y sientes que en tu vida
No existen ya consuelo ni esperanza;
Si eres infeliz y vives amargado,
Busca en el amor pronto remedio.
Porque el amor es bálsamo de luz
Que cura las heridas
Y devuelve la fe y la esperanza.
El amor es certeza y es felicidad.

ANÓNIMO

Yo soy amor. Para conocerme, debes tener amor en tu corazón, porque sin amor no sabrás de mí.

Mantén el amor fluyendo libremente y aprende a amar lo que haces, ama el lugar donde estás y ama a todos los que te rodean.

Ama y nunca consideres lo que te cuesta; nunca busques recompensa.

Nunca darás demasiado amor, así que no temas y ni trates de impedir el fluir del amor, lo que puedes desear hacer cuando eres rechazado y quieres cerrar tu corazón por el temor a ser herido.
No lo hagas, sólo lograrás ser rígido e inseguro, y de esa manera nunca podrás ayudar a otro porque nadie es atraído por un corazón duro y sin amor.

Usa la cordura y la comprensión unidas al amor, y de esa forma mantendrás el equilibrio perfecto.

La principal lección en la vida es aprender a amar.

No pierdas el tiempo y aprende la lección rápidamente.

Eileen Caddy

LA PALABRA AMOR SE ESCRIBE CON "P"

Porque para amar se debe poseer PACIENCIA en los momentos en que el mismo amor te pone a prueba.

El verdadero amor se escribe con "P", porque para olvidar un mal recuerdo debe de existir PERDÓN antes que el odio entre a aquellos que se aman.

Amor se escribe con "P", porque para obtener lo que deseas, debes PERSEVERAR hasta alcanzar lo que te has propuesto.

El sincero amor se escribe con "P", porque la PACIENCIA, el PERDÓN y la PERSEVERANCIA son ingredientes necesarios para que un amor perdure.

Porque amor es también… una PALABRA dicha a tiempo…

Es el PERMITIRSE volver a confiar…

Es PERMANECER en silencio escuchando al otro…

Es esa PASIÓN que nos llena de estrellitas los ojos al pronunciar el nombre del que amamos…

El amor se escribe con "P", porque son esas PEQUEÑAS cosas que nos unen al ser amado día tras día.

ANÓNIMO

DIÁLOGO ENTRE EL AMOR Y EL QUERER

Hace tiempo tuve un sueño, en él dialogaban el Amor y el Querer.

El Querer le decía al Amor.

—¿Por qué eres tan eterno?

Y el Amor con gran paciencia respondió.

—Quizás sea porque no poseo nada.

—Eso es imposible —exclamó el Querer—; posees todas las cosas, como yo. ¿Acaso no somos el mismo ser?

—¿Tú crees? Pues dime, ¿qué es lo que tú posees? —respondió el Amor.

—El amante que posee al ser amado, el político que posee el poder, el religioso que posee la fe, yo poseo todo aquello que quiero.

El viejo Amor le dijo:

—Ves, tú mismo te respondes, yo cuando amo no poseo al objeto amado. Yo amo una mariposa en vuelo, amo una flor con su tiempo contado y amo al hombre que en su vida se asemeja al vuelo de una mariposa y al tiempo contado de una flor.

Muy exaltado el Querer exclamó.

—Eso es una QUIMERA.

En su inagotable paciencia el Amor le responde.

—El mundo es una QUIMERA. ¿Qué crees que soy yo?

Leah Abraham

Sólo el amor obra de una manera mágica y única. Cuando hay amor nada es imposible, todo puede lograrse…

El amor no pude analizarse, no puede explicarse, sólo se siente en el corazón…

Hay quienes se preguntan por qué ése y no otro órgano ha sido elegido para representar el amor. Y… ¡la respuesta es tan obvia…! ¿Acaso no sentimos ante las emociones que sus latidos se aceleran y, a veces, nos parece que hasta se quiere escapar de nuestro pecho?

¿Acaso no sentimos ante la angustia la sensación de que una mano férrea nos lo aprieta casi hasta paralizarlo? ¿Acaso sentimos esas sensaciones en otro lado? No; sólo en el corazón. Es el motor de nuestras emociones y alegrías. Es el blanco de nuestras tristezas y sinsabores. El amor, entonces, es algo especial. Porque puede determinar que nuestra vida tenga o no sentido… porque puede hacernos perdurar en el tiempo. Nuestro cuerpo se consume ante la muerte. El amor… el amor puede mantenernos vivos…

GRACIELA HEGER A.

ANOCHE ME SUCEDIÓ ALGO Y PENSÉ EN MI FUTURO

Así, después de esperar tanto, un día como cualquier otro, decidí triunfar.

Decidí no esperar las oportunidades, sino yo mismo buscarlas.

Decidí ver cada problema como la oportunidad de encontrar una solución.

Decidí ver cada desierto como la oportunidad de encontrar un oasis.

Decidí ver cada noche como un misterio por resolver.

Decidí ver cada día como una nueva oportunidad de ser feliz.

Anoche descubrí que mi único rival no eran más que mis propias debilidades, y que ahí, está la única y mejor forma de superarnos.

Aquél día dejé de temer perder, y empecé a temer no ganar.

Descubrí que no era yo el mejor, y que quizás nunca lo fui.

Me dejó de importar quién ganara o perdiera, ahora mismo me importa mucho más simplemente saberme mejor que ayer.

Aprendí que lo difícil no es llegar a la cima, sino jamás dejar de subir.

Aprendí que el mejor triunfo que puedo tener es tener el derecho de llamar a alguien "Amigo".

Descubrí que el amor es más que un simple estado de enamoramiento.

Anoche dejé de ser un reflejo de mis escasos triunfos pasados, y empecé a ser mi propia tenue luz de este presente.

Aprendí que de nada sirve ser luz si no vas a iluminar el camino de los demás.

Anoche decidí cambiar tantas cosas…

Aprendí que los sueños son solamente para hacerse realidad.

Desde anoche, ya no duermo para descansar… ahora simplemente duermo para soñar.

¡EL AMOR ES UNA FILOSOFÍA DE VIDA!

ANÓNIMO

¿No es verdad que a veces somos tímidos para expresar el amor que sentimos?

Puede ser que por no "avergonzar" a la otra persona o por no avergonzarnos a nosotros mismos dudamos en decir : "TE QUIERO". Y tratamos de decirlo con otras frases como: "CUÍDATE", "NO MANEJES RÁPIDO", "PÓRTATE BIEN"...

¿Acaso no son diferentes formas de decir "TE QUIERO, eres importante para mí"... o "Me importas, no quiero que estés mal?

A veces, en verdad, somos extraños: la única cosa que queremos decir, es la única cosa que no decimos. Muchas veces no lo comunicamos del todo y la otra persona se siente ignorada y no querida.

Por esto, debemos ESCUCHAR AL AMOR en las palabras que las otras personas nos dicen. Las palabras explícitas son necesarias, pero con frecuencia, la manera de decir las cosas es aún más importante.

Un apodo dicho cariñosamente porta mayor afecto y amor que los sentimientos que son expresados de manera poco sincera.

Un abrazo o un beso impulsivos dicen: "TE AMO", aún cuando las palabras digan algo diferente.

Cualquier expresión de preocupación de una persona por otra dice: "TE QUIERO".

El problema de escuchar al amor es que no siempre entendemos el lenguaje de amor que la otra persona está usando.

Lo cierto es que rara vez escuchamos; oímos las palabras, pero no escuchamos las acciones que acompañan esas palabras o en las expresiones del rostro.

Normalmente sólo escuchamos el rechazo o el malentendido. No vemos el amor que está allí, debajo de la superficie aún cuando las palabras sean amargas.

"Si escuchamos atentamente, nos daremos cuenta de que somos más amados de lo que pensamos".

Anónimo

El maestro pide a los alumnos que compongan una lista de las 7 maravillas del mundo.

Más tarde pidió que leyeran su lista.

A pesar de algunos desacuerdos, la mayoría votó por lo siguiente:

1. Las Pirámides de Egipto
2. El Taj Mahal
3. El Coloso de Rodas
4. Los Jardines Colgantes de Babilonia
5. El Coliseo de Roma
6. La Muralla China

El maestro buscaba consenso para la séptima maravilla cuando notó que una estudiante permanecía callada y no había entregado aún su lista, así que le preguntó si tenía problemas para hacer su elección.

La muchacha tímidamente respondió: "Sí, un poco. No podía decidirme, pues son tantas las maravillas..."

El maestro le dijo: "Dinos lo que has escrito, tal vez podamos ayudarte."

La muchacha, titubeó un poco y finalmente leyó:

"Creo que las siete maravillas del Mundo son:

1. Poder pensar
2. Poder hablar
3. Poder actuar
4. Poder escuchar
5. Poder servir
6. Poder orar
7. Y la más importante de todas... poder amar."

Después de leído esto, el salón quedó en absoluto silencio...

Es muy sencillo para nosotros poder ver las obras del hombre y referirnos a ellas como maravillas, cuando a veces pasan desapercibidas las maravillas que Dios hace en nosotros con su gracia y que cada uno debe desarrollar.

¡Fuiste creado por Dios para ser una maravilla!

ANÓNIMO

Porque el amor, según he oído decir, unas veces vuela y
[otras anda;
con éste corre y con aquél va despacio; a unos entibia y a
[otros abrasa;
a unos hiere y a otros mata…

Miguel de Cervantes Saavedra

¡Por amor de Dios, cerrad el pico y dejadme amar! Burlaos de mi reuma, o de mi gota, reíos de mis cuatro pelos canosos o de mi fortuna arruinada; amasad riquezas para mejorar vuestra posición, o estudiad las artes, buscaos la vida, buscaos un puesto, arrastraos ante su Excelencia o Su Majestad, o contemplad el rostro del rey, verdadero o en las monedas; haced lo que os venga en gana, pero dejadme amar.

John Donne

Lo que hace que la mayoría de las mujeres sean tan poco sensibles a la amistad es que la encuentran insípida una vez que han probado el gusto del amor.

François de la Rochefoucauld

Cuando el amor te llame, síguelo,
aunque sus veredas sean tortuosas y escarpadas.
Y cuando sus alas te envuelvan, entrégate a él,
aunque la espada oculta bajo su plumaje pueda herirte.
Cuando el amor te hable, cree ciegamente en él,
aunque a su vez devaste tus sueños, como el viento del
[norte destroza los jardines.

Porque, así como el amor te corona, así también te crucificará. Y si te hace crecer, él mismo será tu podador.
Así como asciende a tus alturas y de tus ramas acaricia las más delicadas que bajo el sol tiemblan, asimismo descenderá a tus raíces, y las conmoverá por más arraigadas que estén en la tierra.

Te recogerá como mazorcas de maíz.
Te desgranará hasta dejarte desnudo.
Te cernerá de tu bagazo.
Te molerá hasta lograr la blancura.
Te amasará hasta hacerte dócil

y, luego, te destinará para su fuego sagrado, hasta volverte pan de holocausto en las fiestas de Dios.

Todas estas cosas hará en ti el amor para que conozcas los secretos del corazón, y en este conocimiento, llegues a ser un fragmento del corazón de la Vida.

Pero si en tu temor buscaras tan sólo la paz del amor y el placer del amor,

entonces sería preferible cubrir tu desnudez y escapar de las eras del amor,

hacia el mundo sin estaciones, donde podrás reír, mas no agotar tu risa; y llorar sin verter todas tus lágrimas.

El amor no da más que para sí mismo, y no toma más que de sí.

El amor no posee nada, y no quiere que alguien lo posea;

Porque el amor se colma en el amor.

Al amar, no debes decir: "Dios está en mi corazón"; mejor di: "Estoy en el corazón de Dios".

Y no te creas capacitado para dirigir el curso del amor; porque el amor, si te cree digno de él, dirigirá tu curso.

El amor no tiene otro deseo que el de colmarse a sí mismo.

Pero si amas e inevitablemente surgen deseos, deja que éstos sean tuyos:

Para fluir y ser como el arroyuelo que canta su melodía a la noche.

Para conocer el dolor de la excesiva ternura.

Para ser heridos por tu propia comprensión del amor, y sangrar plena y regocijadamente.

Para despertar al amanecer con el corazón alado, y dar las gracias por un día más de amor.

Para reposar al mediodía y meditar sobre el éxtasis del amor.

Para tornar agradecidos al hogar cuando decline el día y luego dormir con una oración al ser amado en tu corazón y un canto de alabanza en tus labios.

GIBRÁN JALIL GIBRÁN

Nadie es capaz de evitar el amor, y nadie es capaz de evitar que su amor se acabe. De nosotros sólo depende usar bien el amor, vivirlo y gozarlo bien; que exista y que deje de existir no depende de nosotros.

JEAN-BAPTISTE POQUELIN, MOLIÈRE

El corazón sólo es indiferente respecto de aquello en lo que no se piensa; sólo respecto de algo que para él no es nada. Y ser sólo indiferente respecto de algo que no es nada… equivale a no ser indiferente. ¿Es esto demasiado elevado para ti?

GOTTHOLD EPHRAIM LESSING

Respecto de las mujeres, he perdido ya dos virtudes teologales: la fe y la esperanza. Queda el amor, es decir, la tercera virtud, de la que no puedo prescindir, pese a que ya no crea ni espere nada.

GIACOMO LEOPARDI

Cuando un hombre dice a una mujer que la ama, ella, por poco sólidas que le parezcan las bases de este sentimiento, sin razonarlo, se siente impulsada a tomarlo por verdadero, lo cree siempre.

Honorato de Balzac

¿Qué me valen la gracia y la belleza,
Y amar como jamás amó ninguna,
Si la pasión que el alma me devora
La desconoce aquél que me enamora?

José de Espronceda

Desconfiad de la luna y las estrellas, de la Venus de Milo, de los lagos, de las guitarras, de las escaleras de cuerda y de todas las novelas y novelerías. ¡Pero amad vigorosamente, arrogantemente, ferozmente, a la mujer que améis!

Charles Baudelaire

Amar, amar, amar siempre y con todo
El ser y con la tierra y con el cielo,
Con lo claro del sol y lo oscuro del lodo;
Amar por toda la ciencia y amar por todo el anhelo.
Y cuando la montaña de la vida
Nos sea dura y larga y alta y llena de abismos,
¡amar la inmensidad que es el amor encendido
y arder en la fusión de nuestros pechos mismos!

RUBÉN DARÍO

Un filósofo que había estado en presidio mucho tiempo por estafar a unos cuantos, me decía que en amor nada une tanto como el crimen y que nada desune tanto como la ridiculez y la torpeza. En nuestra alma tenemos el culto por todo lo que es exaltación y por todo lo que es belleza. El crimen participa de estas dos cosas. Hay en él siempre exaltación; hay en él casi siempre belleza.

Pío Baroja

Estamos convencidos de que un grado superior de inteligencia nos conduciría a aceptar la infidelidad. Sin duda, la propiedad es sólo una gerencia fastidiosa que sólo sirve a nuestra vanidad. Se ama más libremente lo que no es nuestro. Querer acaparar un ser paraliza su fantasía, sujetar su voluntad es una pretensión insensata. Pero si tan sabios y complacientes fuéramos, sólo amaríamos con medida, es decir, no amaríamos.

Paul Géraldy

El amor sólo es bueno cuando se toma como acicate para mayores empresas. Se quiere a una mujer y se dice: "Lucharé por ella, revolveré el mundo, la conseguiré". Y si esto último no llega ¿qué importa? Lo esencial es lo otro: luchar, revolver le mundo.

Alejandro Casona

Entre un hombre y una mujer hay una sola razón: el amor. Sin el amor, ninguna otra cualidad sirve de nada; no le hace falta nada más. Es decir, sí: hace falta la continuidad del amor; pero éste es un problema que el hombre nunca ha sabido cómo se resuelve.

JEAN ANOUILH

Un poema de amor tiene un alma que vuela
Sobre un reino de humo;
Quiero decir que apenas
Su sentido es real, porque el amor dispone
Su retórica propia, que poco tiene
Que ver con el amor y es fantasmagoría.

Felipe Benítez Reyes

Hay maridos tan injustos que exigen de sus mujeres una fidelidad que ellos mismos violan; se parecen à aquellos generales de ejército que huyen cobardemente del enemigo y quieren, sin embargo, que sus soldados sostengan el puesto con valor.

PLUTARCO

CUANDO ME VAYA PARA SIEMPRE ENTIERRA

Cuando me vaya para siempre entierra
con mis despojos tu pasión ferviente;
a mi recuerdo tu memoria cierra;
es ley común que a quien cubrió la tierra
el olvido lo cubra eternamente.

A nueva vida de pasión despierta
y sé dichosa; si un amor perdiste,
otro cariño tocará tu puerta…
¿Por qué impedir que la esperanza
muerta resurja ufana para bien del triste?

Ya ves… todo renace…; hasta la pálida
tarde revive en la mañana hermosa;
vuelven a las hojas a la rama escuálida,
y la cripta que forma la crisálida,
es una cuna de pintada mariposa.

Tornan las flores al jardín ufano
que arropó con sus nieves el invierno;

hasta el polo disfruta del verano...
¿Por qué nomás el corazón humano
ha de sufrir el desencanto eterno?

Ama de nuevo y sé feliz. Sofoca
Hasta el perfume de mi amor, si existe;
¡Sólo te pido que no borres, loca,
al sellar otros labios con tu boca
la huella de aquél beso que me diste!

Amado Nervo

Cuando dos centros se encuentran, hay amor. Y el amor es un fenómeno alquímico... del mismo modo en que el hidrógeno y el oxígeno se encuentran y crean una cosa nueva, agua. Podrán tener hidrógeno, podrán tener oxígeno, pero si tienen sed, les resultarán inútiles. Podrán tener tanto oxígeno como quieran, tanto hidrógeno como les apetezca, pero la sed no se irá.

Cuando dos centros se encuentran se crea una cosa nueva. Esa cosa nueva es amor. Y es como el agua, en que la sed de muchas, muchas vida queda satisfecha. De pronto están ahítos. Esa es la señal visible del amor; quedan satisfechos, como si hubieran logrado todo. Ya no queda nada por alcanzar; han llegado a su objetivo. No queda ninguna meta, el destino está realizado. La semilla se ha convertido en una flor, ha alcanzado su florecimiento total.

La satisfacción profunda es la señal visible del amor.

Osho

¡CÓMO DUELE!

Con la plena certeza de que su amor es mío
a cada instante temo que me deje de amar.
¡Su amor es una llama y a veces tengo frío!
¡Me enloquece el silencio y su amor es cantar!
La duda lacerante que me torna sombrío
se diluye en su risa y me pongo a soñar;
mas después, implacable, adquiere nuevo brío
y fustiga mi ensueño hasta verlo sangrar.
Quiero darme en caricias de infinita ternura
y con falsas querellas mi inquietud la tortura
para ver en sus ojos el amor hecho llanto.
¡Se me da toda entera y la quiero más mía!
¡Es mi vida y por ella vivo larga agonía!...
¡Oh, Señor, cómo duele, cómo duele, amar tanto!

MALGRÉ TOUT

NOCTURNO A ROSARIO

I

¡Pues bien! yo necesito
decirte que te adoro
decirte que te quiero
con todo el corazón;
que es mucho lo que sufro,
que es mucho lo que lloro,
que ya no puedo tanto
al grito que te imploro,
te imploro y te hablo en nombre
de mi última ilusión.

II

Yo quiero que tú sepas
que ya hace muchos días
estoy enfermo y pálido
de tanto no dormir;
que ya se han muerto todas
las esperanzas mías,
que están mis noches negras,

tan negras y sombrías,
que ya no sé ni dónde
se alzaba el porvenir.

III

De noche, cuando pongo
mis sienes en la almohada
y hacia otro mundo quiero
mi espíritu volver,
camino mucho, mucho,
y al fin de la jornada
las formas de mi madre
se pierden en la nada
y tú de nuevo vuelves
en mi alma a aparecer.

IV

Comprendo que tus besos
jamás han de ser míos,
comprendo que en tus ojos
no me he de ver jamás,
y te amo y en mis locos

y ardientes desvaríos
bendigo tus desdenes,
adoro tus desvíos,
y en vez de amarte menos
te quiero mucho más.

V

A veces pienso en darte
mi eterna despedida,
borrarte en mis recuerdos
y hundirte en mi pasión
mas si es en vano todo
y el alma no te olvida,
¿Qué quieres tú que yo haga,
pedazo de mi vida?
¿Qué quieres tú que yo haga
con este corazón?

VI

Y luego que ya estaba
concluido tu santuario,
tu lámpara encendida,

tu velo en el altar;
el sol de la mañana
detrás del campanario,
chispeando las antorchas,
humeando el incensario,
y abierta allá a lo lejos
la puerta del hogar…

VII

¡Qué hermoso hubiera sido
vivir bajo aquel techo,
los dos unidos siempre
y amándonos los dos;
tú siempre enamorada,
yo siempre satisfecho,
los dos una sola alma,
los dos un solo pecho,
y en medio de nosotros
mi madre como un Dios!

VIII

¡Figúrate qué hermosas
las horas de esa vida!
¡Qué dulce y bello el viaje
por una tierra así!
Y yo soñaba en eso,
mi santa prometida;
y al delirar en ello
con alma estremecida,
pensaba yo en ser bueno
por ti, no más por ti.

IX

¡Bien sabe Dios que ese era
mi más hermoso sueño,
mi afán y mi esperanza,
mi dicha y mi placer;
bien sabe Dios que en nada
cifraba yo mi empeño,

sino en amarte mucho
bajo el hogar risueño
que me envolvió en sus besos
cuando me vio nacer!

X

Esa era mi esperanza...
mas ya que a sus fulgores
se opone el hondo abismo
que existe entre los dos,
¡Adiós por la vez última,
amor de mis amores;
la luz de mis tinieblas,
la esencia de mis flores;
mi lira de poeta,
mi juventud, adiós!

MANUEL ACUÑA

VIEJA LA NOCHE...

Vieja la noche, vieja,
largo mi corazón antiguo.

¡Qué de brazos adentro
del pecho, fríos,
se mueven y me buscan,
viejo amor mío!

La noche, vieja, cae
como un lento martirio,
sombra y estrella, hueco
del pecho mío.

Y yo entretanto, ausente
de mi martirio,
entro en la noche, busco
su cuerpo frío.

No hay luna, locos,
desde hace siglos.
Sólo un breve milagro
cuando hace frío.

Jaime Sabines

BOCA DEL LLANTO

Boca del llanto, me llaman
tus pupilas negras,
me reclaman, tus labios
sin ti me besan.
¡Cómo has podido tener
la misma mirada negra
con esos ojos
que ahora llevas!

Sonreíste. ¡Qué silencio,
qué falta de fiesta!
¡Cómo me puse a buscarte
en tu sonrisa, cabeza
de tierra,
labios de tristeza!

No lloras, no llorarías
aunque quisieras;
tienes el rostro apagado
de las ciegas.

Puedes reír. Yo te dejo
reír, aunque no puedas.

JAIME SABINES

En fin, ninguna máxima intemporal impone a todas las parejas una perfecta traslucidez: corresponde a los interesados decidir qué tipo de acuerdo desean alcanzar; no tienen ni derechos ni deberes *a priori*. En mi juventud yo afirmaba lo contrario: estaba entonces demasiado inclinada a pensar que lo que valía para mí valía para todos.

Hoy, en cambio, me irrito cuando terceras personas aprueban o critican las relaciones que hemos construido sin tener en cuenta la particularidad que las explica y las justifica: esos signos gemelos sobre nuestra frente. La fraternidad que soldaba nuestras vidas hacía superfluos e irrisorios todos los lazos que hubiéramos podido forjarnos. ¿Para qué, por ejemplo, vivir bajo un mismo techo cuando el mundo era nuestra propiedad común? Un solo proyecto nos animaba: abrazarlo todo y testimoniar de todo; él nos mandaba que siguiéramos en caso de necesidad caminos divergentes, sin ocultarnos el uno al otro ni el menor de nuestros hallazgos; juntos nos plegábamos a sus exigencias, a tal punto que en el mismo momento en que nos dividíamos, nuestras voluntades se confundían.

Lo que nos ligaba era lo que nos desligaba: y por esa libertad nos encontrábamos ligados en lo más profundo de nosotros mismos.

Simone de Beauvoir

A menos que un hombre y una mujer sepan lo que es el silencio, a menos que puedan estar sentados juntos en un profundo silencio, no pueden fundirse en el ser del otro. Es posible que sus cuerpos logren penetrarse, pero sus almas permanecerán separadas.

El amor es un espejo. Una verdadera relación es un espejo en el que dos amantes ven la cara del otro y reconocen a Dios. Es un camino hacia Dios.

Intenta encontrar en el otro el ser verdadero que está oculto. No des por hecho a nadie. Cada individuo es tal misterio que, si continúas indagando en él, descubres que es interminable.

Si son capaces de encontrar la intimidad, la intimidad espiritual con un hombre o con una mujer, entonces habrá una unión natural que no requiere ninguna ley que la refuerce. Entonces experimentarán un gozo espontáneo por estar juntos.

Cuando dependes del otro hay desdicha, comienzas a sentirte desgraciado, porque la dependencia es esclavitud, porque la dependencia mata la libertad y el amor no puede florecer, el amor es una flor de libertad.

OSHO

LA VIDA DEL AMOR

PRIMAVERA

Amada mía, salgamos a correr por las colinas, que ya las nieves se derritieron. La vida ha despertado de su letargo y palpita gozosa en los valles y collados. Ven conmigo para seguir las huellas de la primavera en los campos dilatados. Escalemos las colinas para contemplar, desde la cima, el vaivén de las verdes campiñas.

Ya recogió el invierno su blanco sudario, la aurora tiende su manto sobre ciruelos y manzanos que lucen cual novia en noche de epifanía. Maduran los viñedos, sus parras se abrazan cual amantes. Los riachuelos saltan entre rocas y modulan canciones alegres. Las flores brotan del corazón de la naturaleza igual que la espuma del mar.

Vamos a beber las últimas lágrimas del invierno en los cálices del narciso, a llenar nuestras almas con el canto de las alegres avecillas y aspirar el perfume que recogen las brisas.

Sentémonos al pie de aquella roca donde crece la violeta, para cambiar ósculos de amor.

VERANO

Partamos al campo, amada mía, la siembra ya maduró con el calor del sol. Seguemos las mieses antes que las aves se apresuren a cosechar nuestro trabajo y las hormigas se apropien de nuestra heredad. Recolectemos los frutos de la tierra, igual que el alma recoge los granos de felicidad que el amor siembra en las reconditeces de nuestro corazón y llenemos los graneros con la preciosa dádiva de los elementos, tal como la vida llena el vacío de nuestras almas.

Vayamos, compañera, a recostarnos sobre la hierba y cubrirnos con el cielo, a reclinar nuestras cabezas sobre la paja y escuchar la conversación de los riachuelos; y así, descansar de las fatigas del día.

OTOÑO

Amada mía, vayamos al viñedo a recoger uvas y guardar su jugo en odres, igual que el alma guarda la sabiduría de los siglos.

Regresemos al pueblo, ya se doraron las hojas de los árboles que el viento esparce, como si quisiera amortajar con ellas las flores que dejó el verano. Ven, ya las aves huyeron a las playas llevándose la alegría de los vergeles, dejando triste al jazmín, y al sauce derramar sus postreras lágrimas.

¡Regresemos! Los riachuelos dejaron de saltar, los manantiales de verter lágrimas de alegría y los campos de lucir su ropaje. Ven, amada mía, el sueño ha invadido a la naturaleza, ésta, anuncia su letargo con cantos melancólicos.

INVIERNO

Acércate, oh compañera de mi vida, acércate, no permitas que el frío de la nieve separe nuestros cuerpos. Ven a mi lado, ante este hogar, el fuego es el fruto más delicioso del invierno. Relátame hazañas del pasado. Mi alma está cansada de escuchar los gemidos del viento. Cierra puertas y ventanas; al mirar la faz del cielo irritado se entristece mi alma, y al contemplar la ciudad dormida bajo la nieve, se desangra mi corazón… ¡Oh, compañera de mi vida!, llena de aceite la lámpara, enciéndela para leer lo que los años han escrito en tu rostro, trae la jarra de vino para beber y recodar los días de la vendimia.

Acércate, ¡oh, amada de mi alma!, ya se consume el fuego… Abrázame, ya se apagó la lámpara y nos invade la oscuridad… así invade nuestras pupilas el licor de los años… Abraza mi cuello antes de que el sueño nos abrace… Bésame, la nieve heló todas las cosas, menos tu beso… ¡Oh, amada mía!, cuán profundo y vasto es el mar del sueño y cuán corto el despertar… en este mundo.

Gibrán Jalil Gibrán

CONSEJO

Un sabio en cosas de amor,
que a más de sabio era viejo,
me dió una vez un consejo
de inestimable valor.
No te lances con ardor
de una mujer a los pies,
si antes en su alma no ves
que puede de corazón
corresponder la pasión
y olvidar el interés.

Y decía el sabio ducho
que en este mucho tan loco
se halla de lo bueno poco,
pero de lo malo, mucho.
Doquiera que voy, escucho
las quejas del que confió
en una mujer que amó,

y la cual, por su desdoro,
supo aprovechar el oro
y la pasión olvidó…

Rubén Darío

Arder en viva llama, helarme luego,
mezclar fúnebre queja y dulce canto,
equivocar la risa con el llanto,
no saber distinguir nieve ni fuego.

Confianza y temor, ansia y sosiego,
aliento del espíritu y quebranto,
efecto natural, fuerza de encanto,
ver que estoy viendo y contemplarme ciego;

la razón libre, preso el albedrío,
querer y no querer a cualquier hora,
poquísimo valor y mucho brío;

contrariedad que el alma sabe e ignora,
es, Marsia soberana, el amor mío.
¿Preguntáis quién lo causa? Vos, Señora.

EUGENIO GERARDO LOBO

El amor no se manifiesta en el deseo de acostarse con alguien, sino en el deseo de dormir junto a alguien.

Milan Kundera

Ven a dormir conmigo: no haremos el amor; él nos hará.

JULIO CORTÁZAR

Un hombre encuentra a una mujer y queda impresionado por su fealdad; poco después —si ella no es presuntuosa— su conjunto le hace olvidar lo defectuoso de sus rasgos y la juzga amable y se explica que se la pueda amar; ocho días después tiene esperanzas; ocho días más tarde la mujer se las quita; ocho días después ya está loco.

STENDHAL

Sólo el amor nos permite escapar y transformar la esclavitud en libertad.

PAULO COELHO

Andábamos sin buscarnos pero sabiendo que andábamos para encontrarnos.

Julio Cortázar

Le di mis noches y mi pan, mi angustia, mi risa, a cambio de sus besos y su prisa; con ella descubrí que hay amores eternos que duran lo que dura un corto invierno.

Joaquín Sabina

99 pensamientos de amor, de Margarita Chávez
se terminó de imprimir en enero de 2008
en los talleres de Litográfica Ingramex, S.A. de C.V.
Centeno 162-1, Col. Granjas Esmeralda,
C.P. 09810 México, D.F.